El Arte de GAEL
2020-2021

GAEL EMMANUEL LUGO LÓPEZ

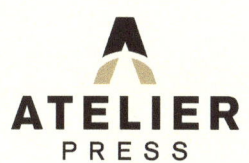

ATELIER PRESS

Un agradecimiento especial a Marcia G. Smith por su dedicación y la coordinación de este proyecto.

Copyright © 2022 Gael Emmanuel Lugo López
Ilustrado por Gael Emmanuel Lugo López
Todos los derechos reservados

No se permite la reproducción total o parcial de esta obra, ni su incorporación a un sistema informático, ni su transmisión en cualquier forma o por cualquier medio (electrónico, mecánico, fotocopia, grabación u otros) sin autorización previa y por escrito de los titulares del copyright. La infracción de dichos derechos puede constituir un delito contra la propiedad intelectual.

ISBN: 9798472470988

Para más información contactar a Marcia G. Smith en aircraft.mechanic.smith@gmail.com

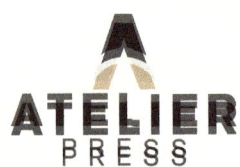

Atelier Press
www.atelier-press.com

Impreso en los Estados Unidos de América

Le pregunté a Gael por qué le gusta pintar y cómo se le ocurren sus ideas. Aquí está lo que contestó:

"

A mí me gusta dibujar porque me inspiran creatividades y creaciones. ¿Y cómo se me dan las ideas para dibujar? Pues, veo una piña y me gusta como se ve, entonces la pinto con algo que me gusta, la pienso, y como ya pensé todo el proceso, ya la creo. Y a mí me gusta dibujar también muchísimo los atardeceres, el amanecer, las flores, el espacio, y muchas cosas que me encuentre.

"

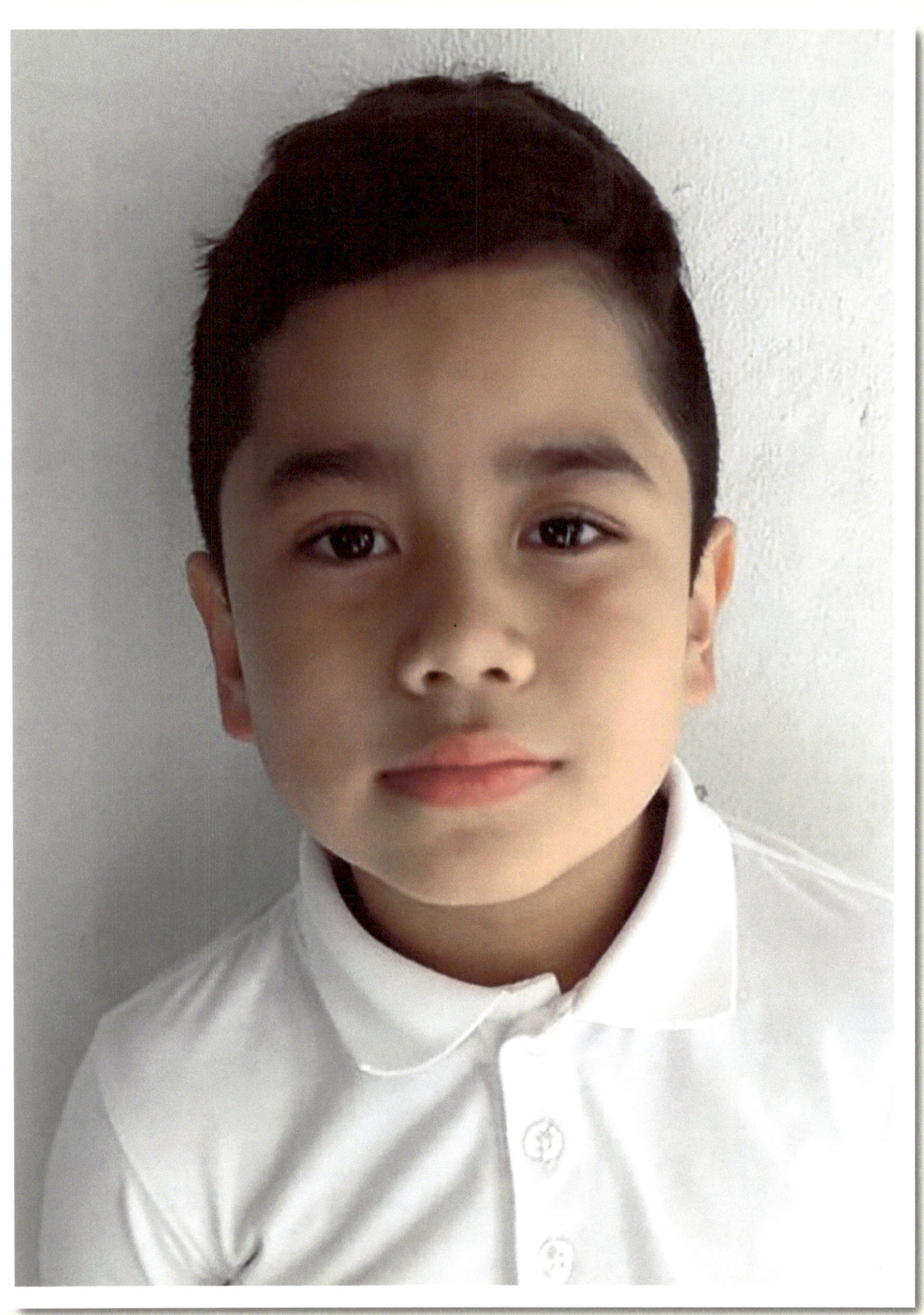

Gael Emmanuel Lugo López cumplió 8 años en Febrero de 2021. Siempre le ha gustado pintar, dibujar y ser creativo.

Vive en en el Estado de México, México, con su mamá Adriana, su papá Emmanuel y su hermanita de 4 años, Luna.

Además de hacer todo su trabajo escolar, creó algunas pinturas durante el Segundo Año de Primaria.

Aquí las reunimos en un librito para disfrutarlas.

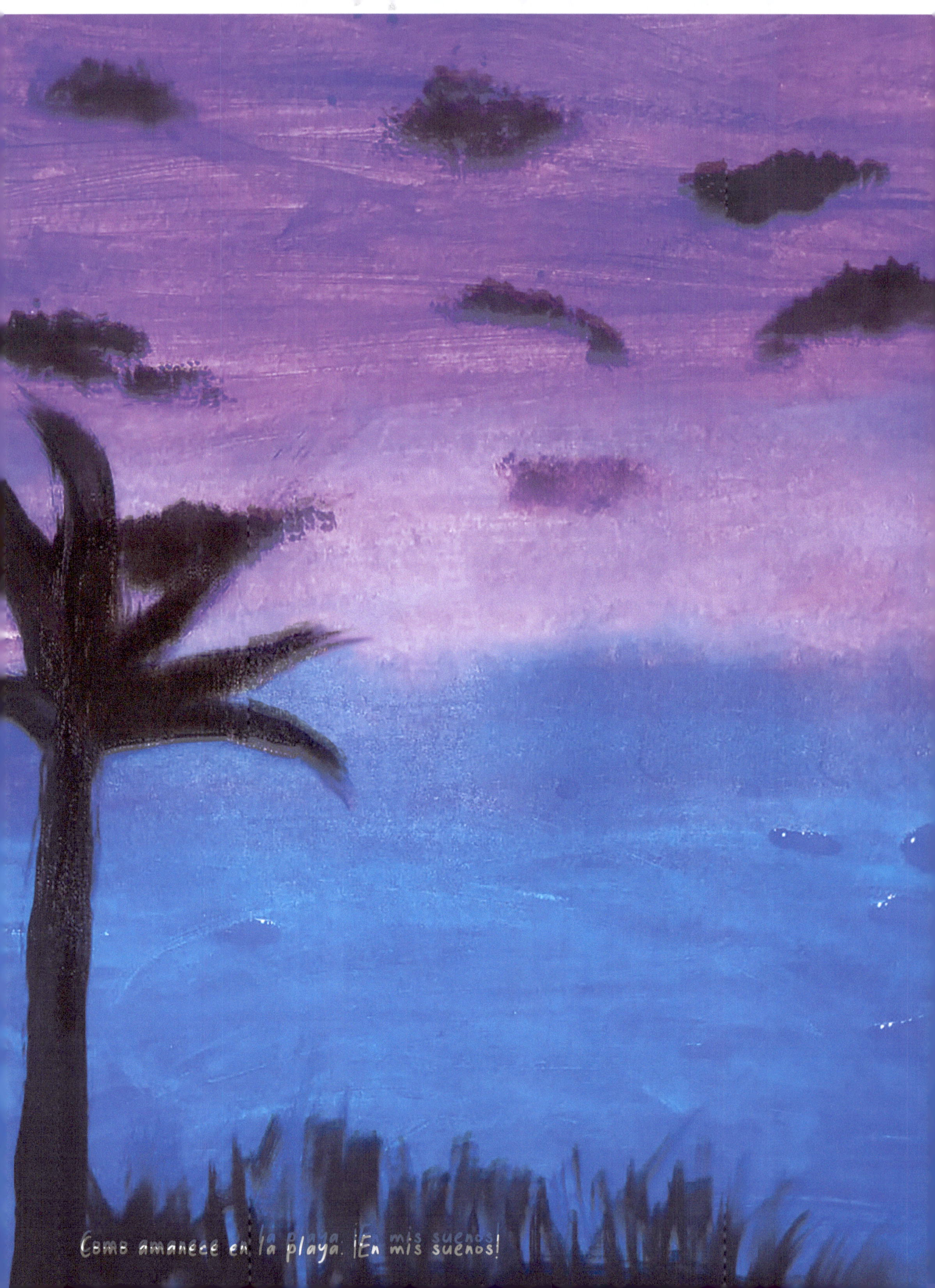
Como amanece en la playa. ¡En mis sueños!

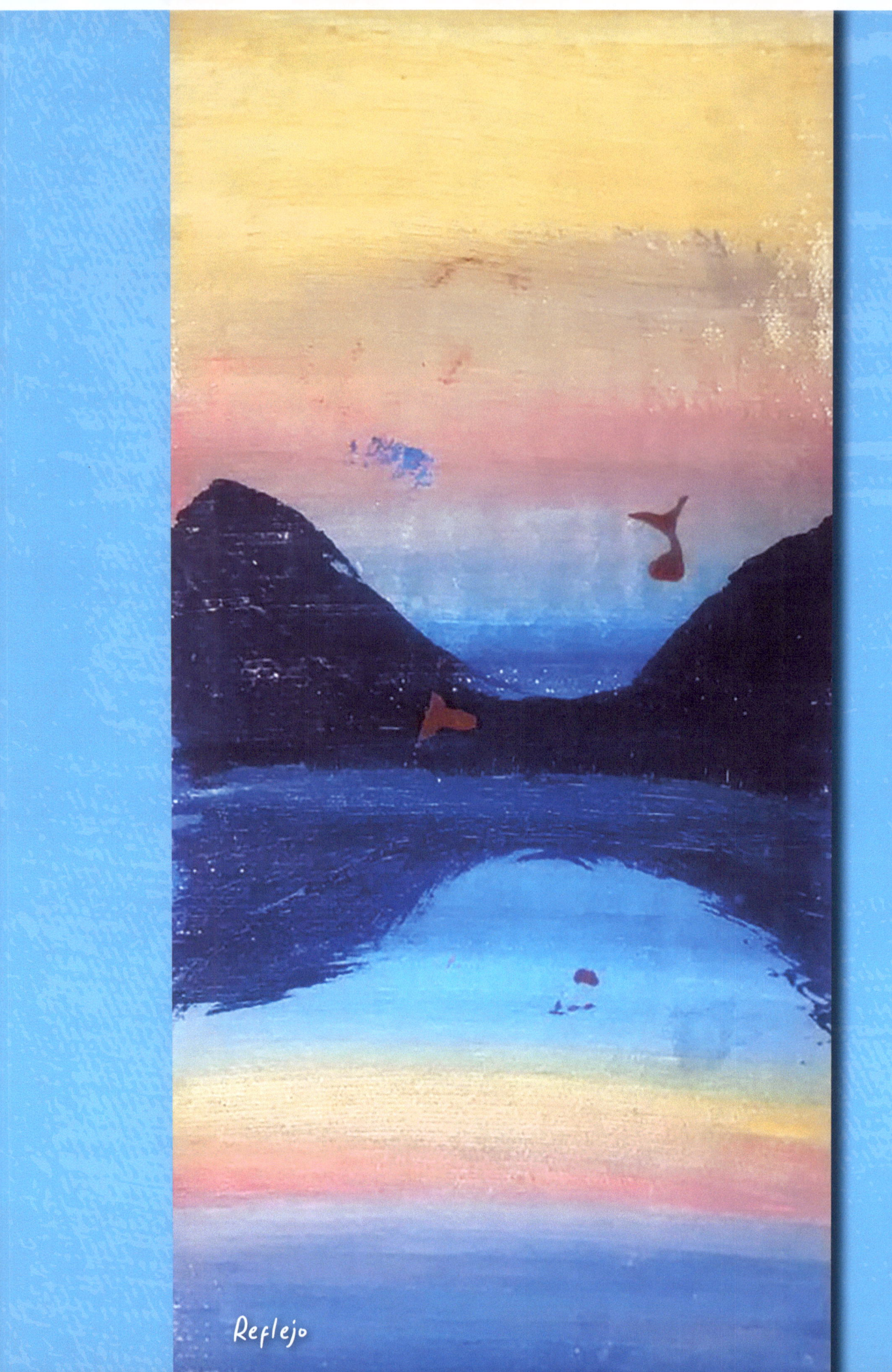

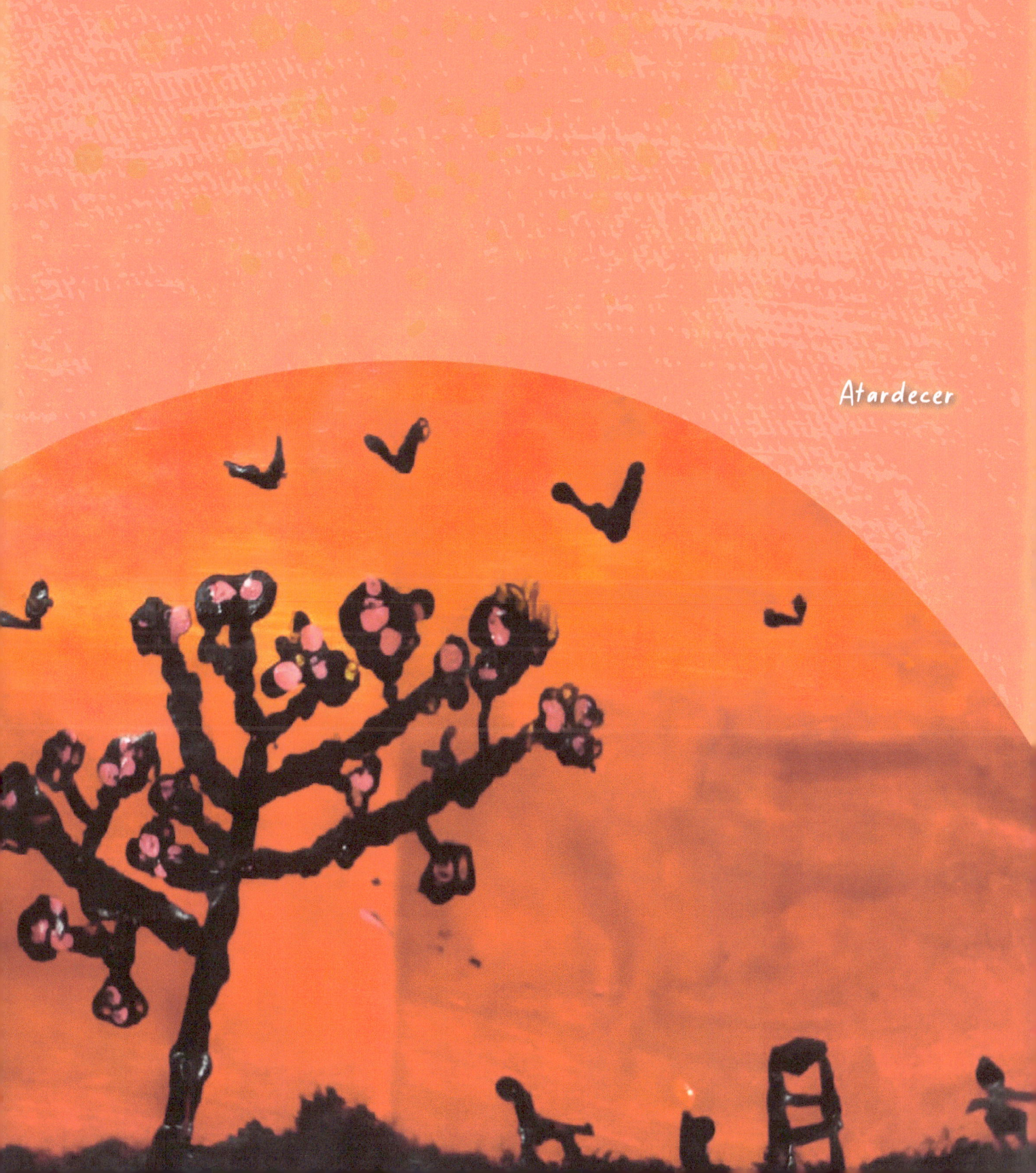

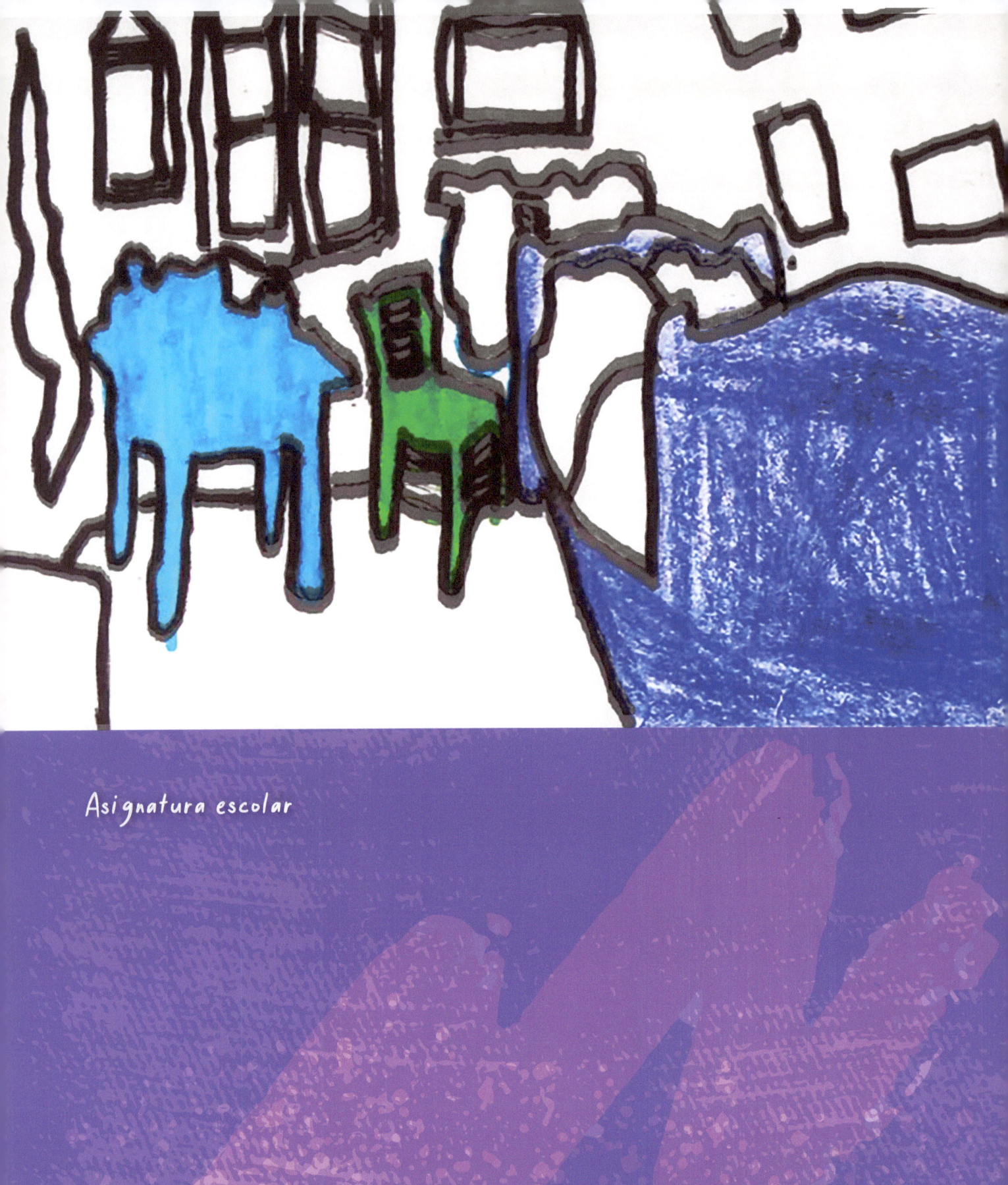

Asignatura escolar

Horizonte en llamas

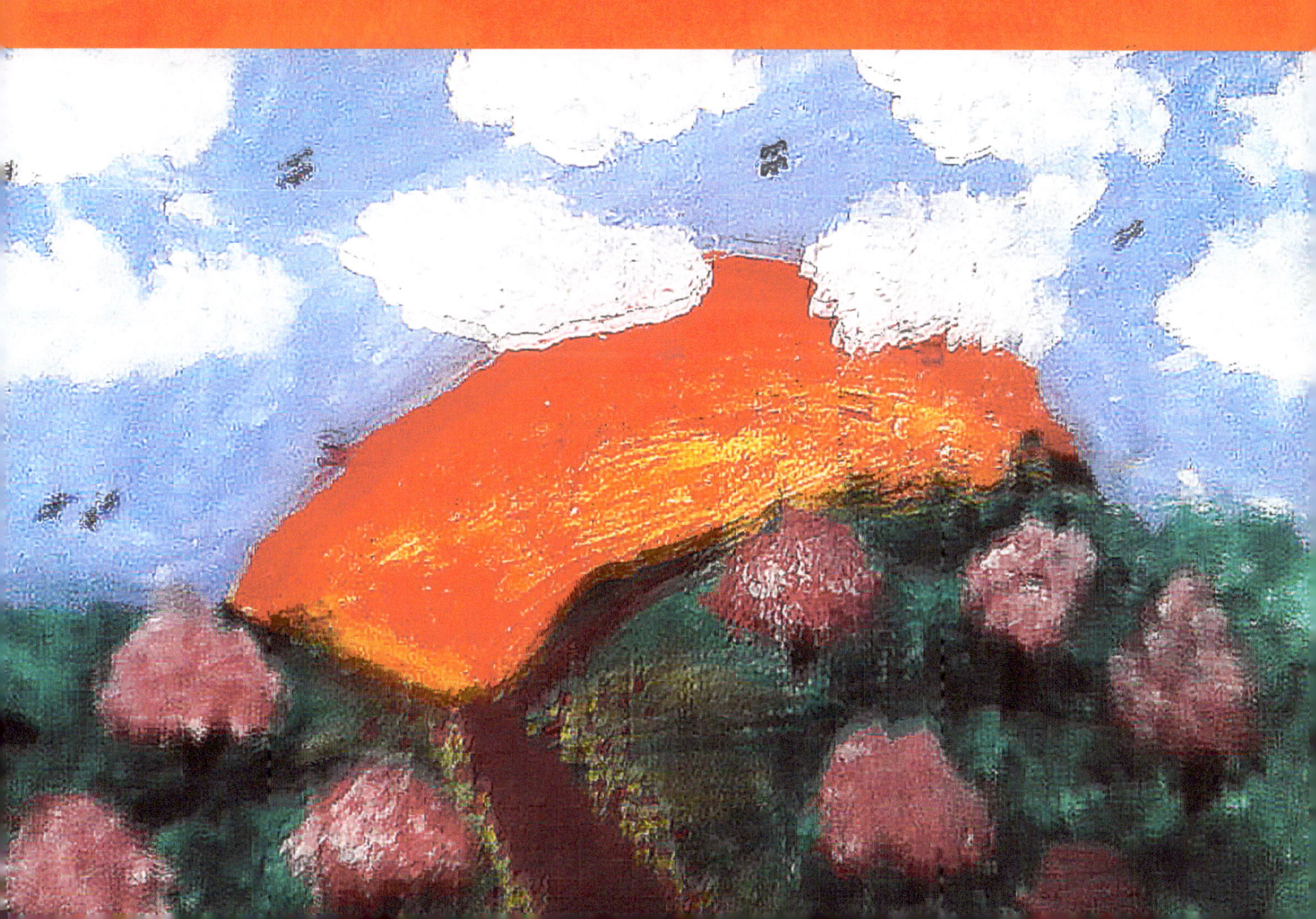

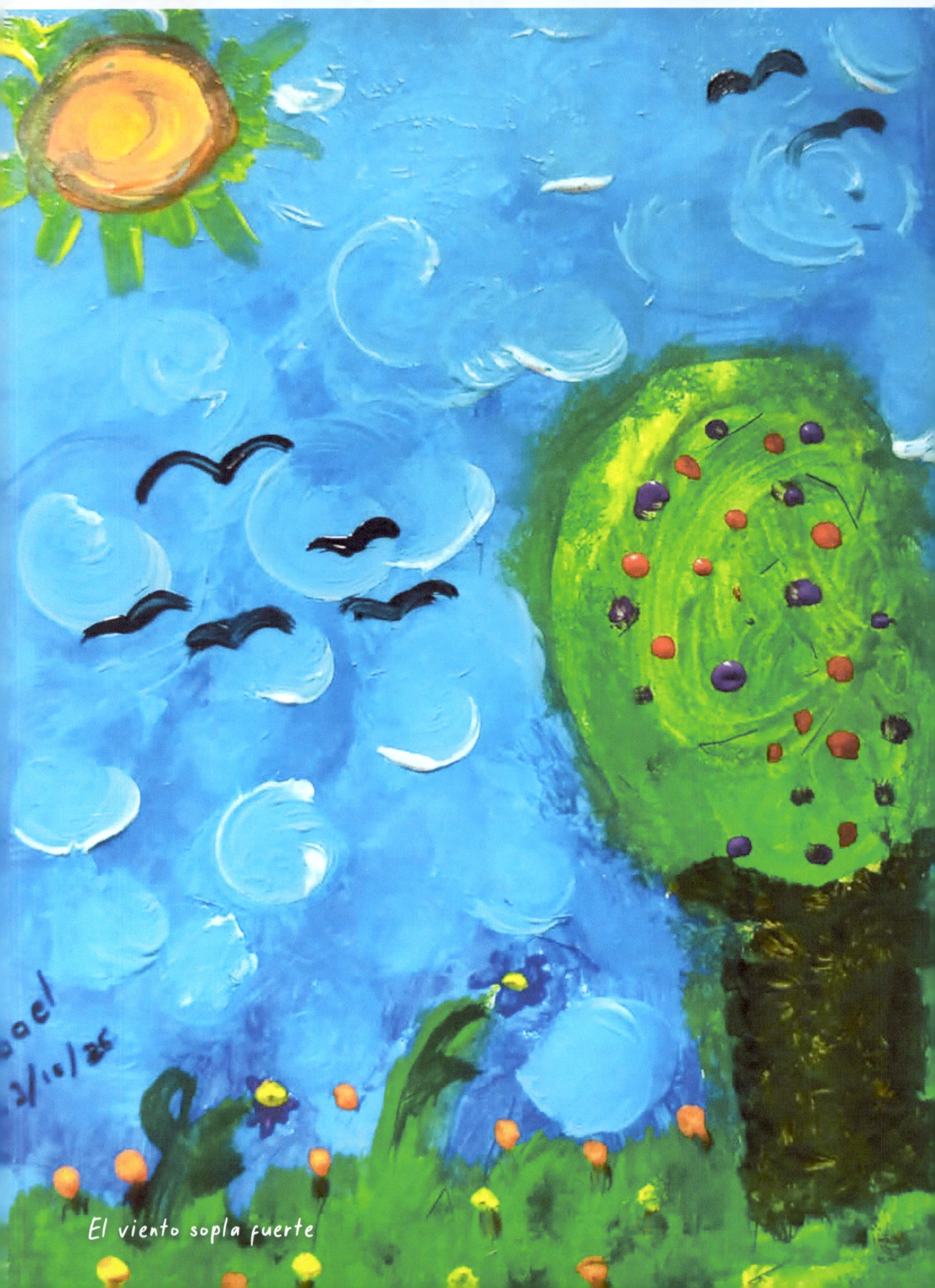
El viento sopla fuerte

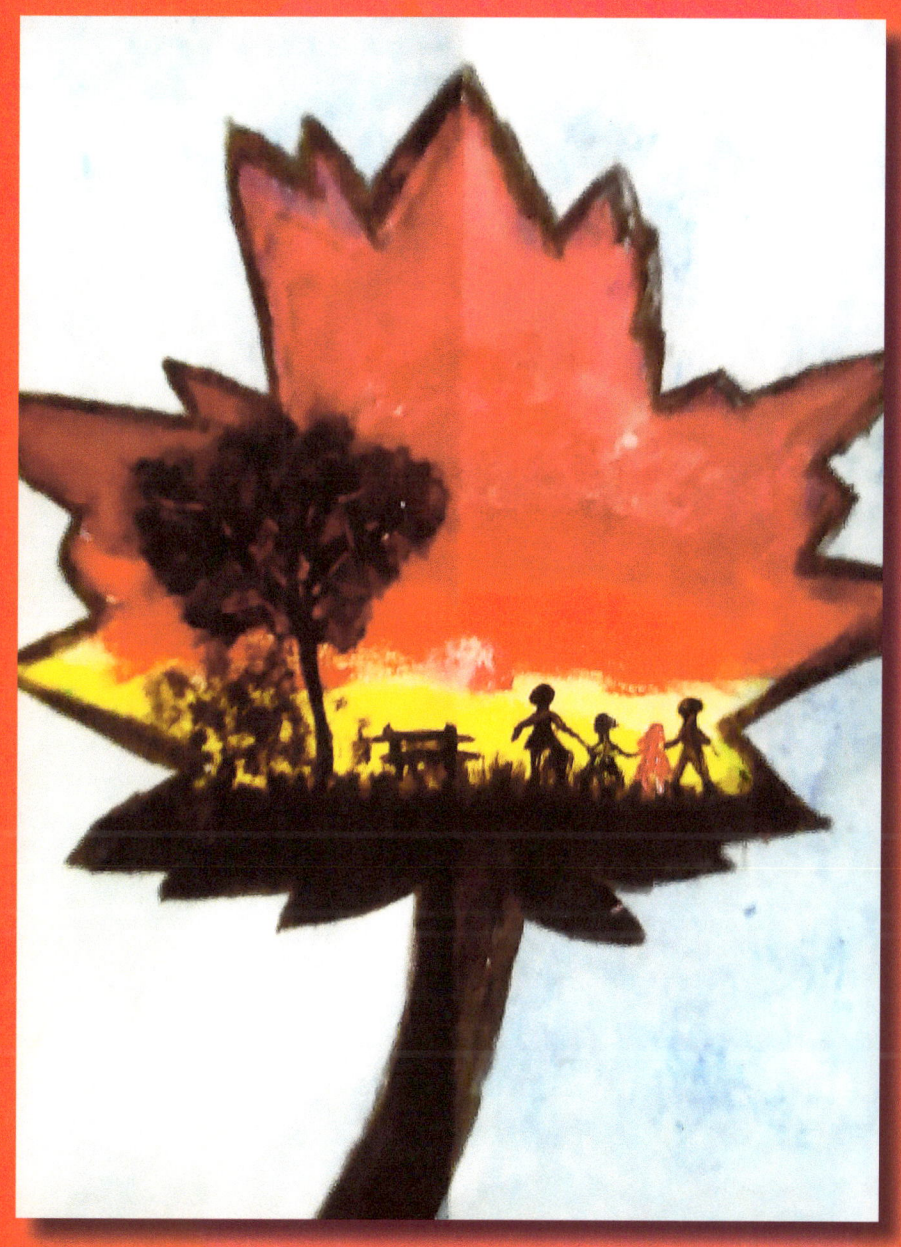

Bella naturaleza

Frío y seco
¡Cuándo no es como deseas,
pero te adaptas!

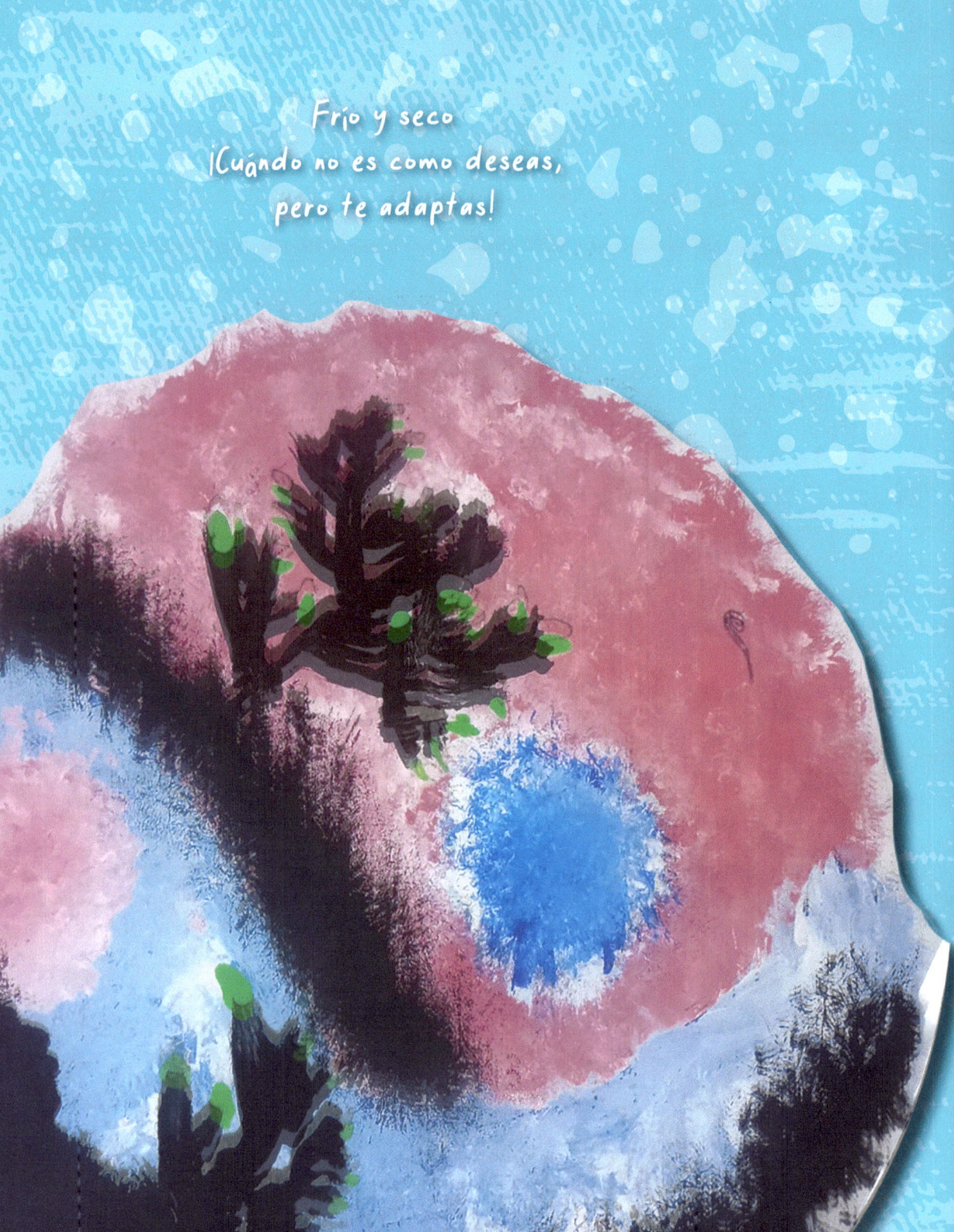

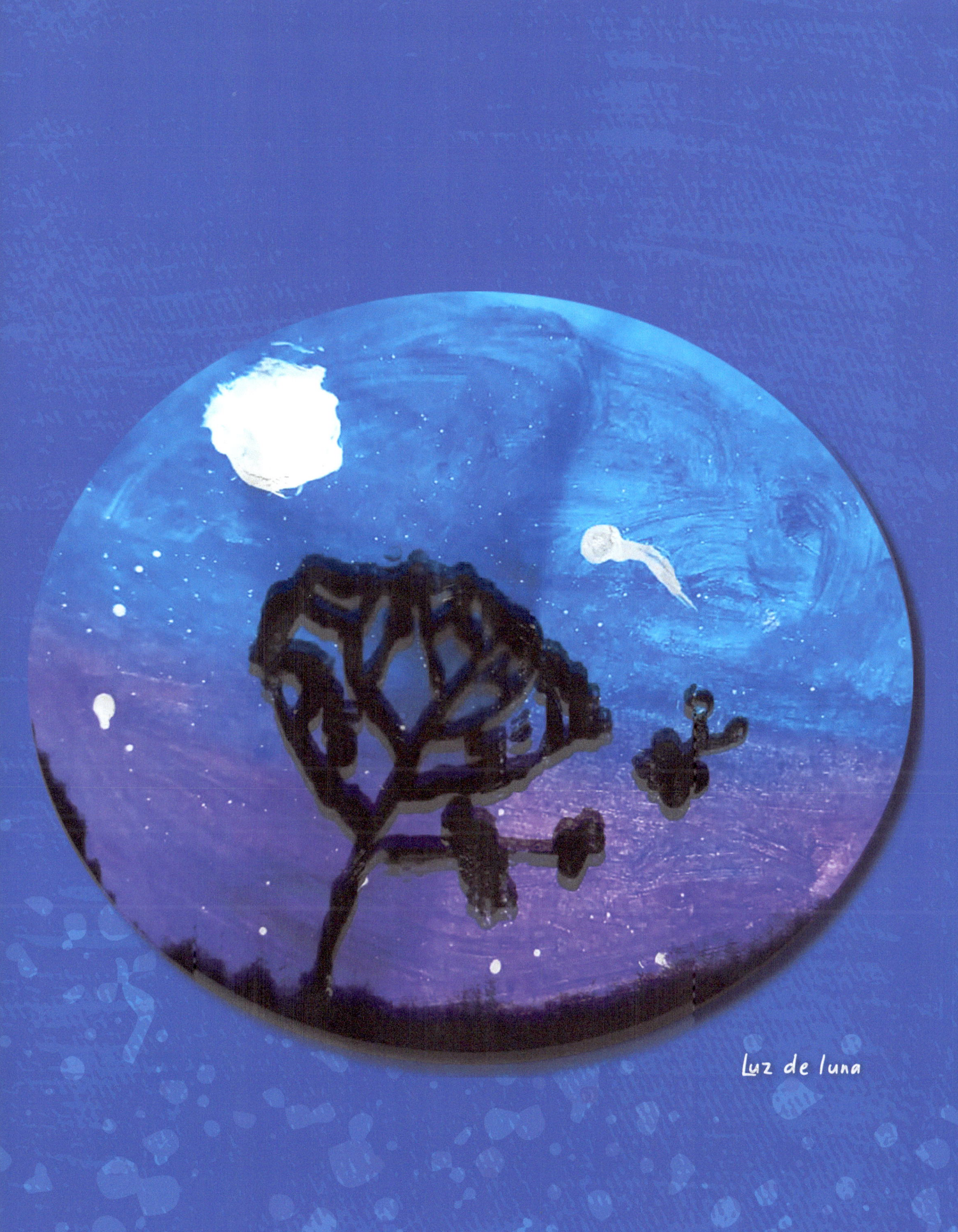

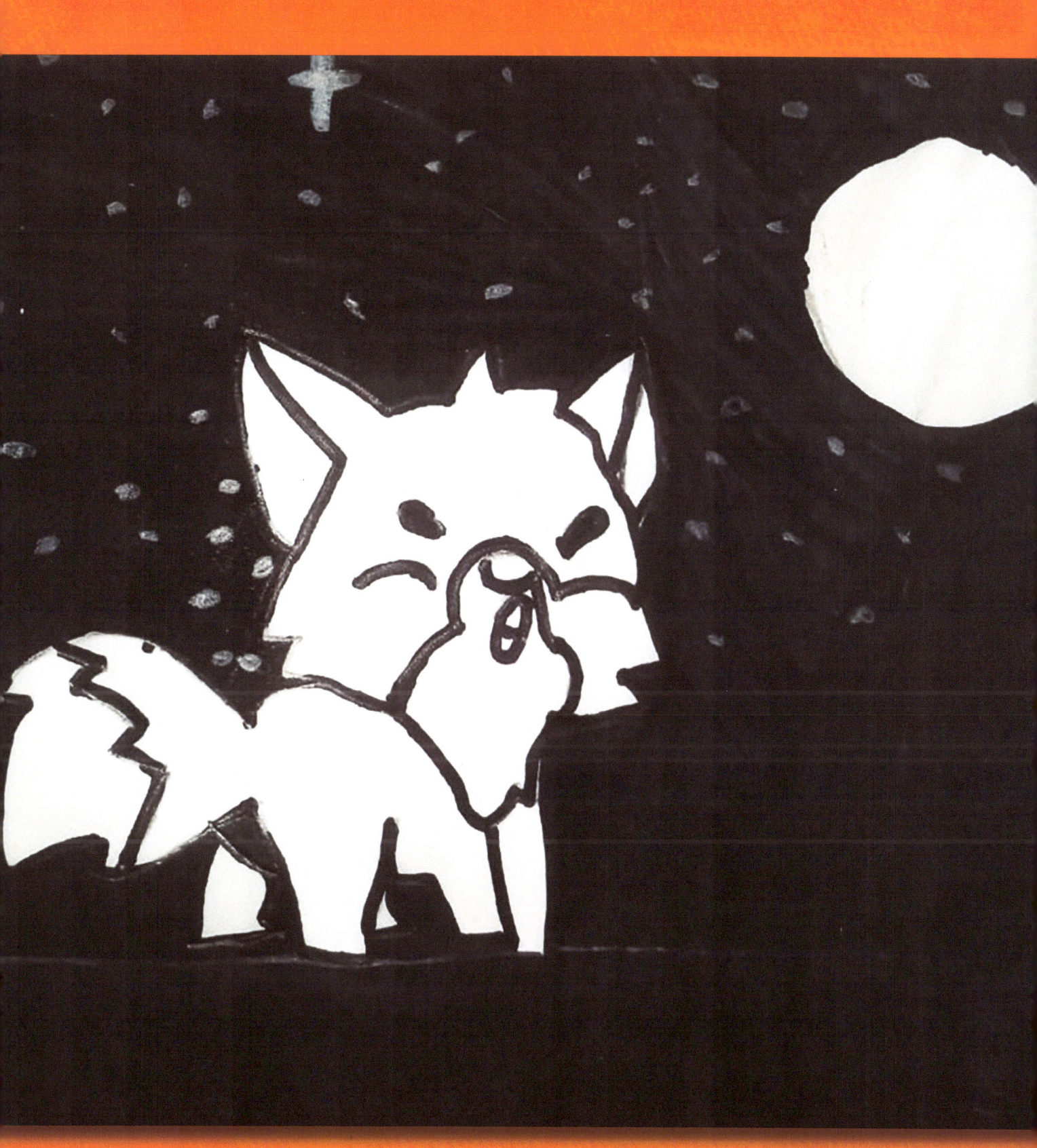

Es un lobito aullando. Es que no encuentra a la manada.

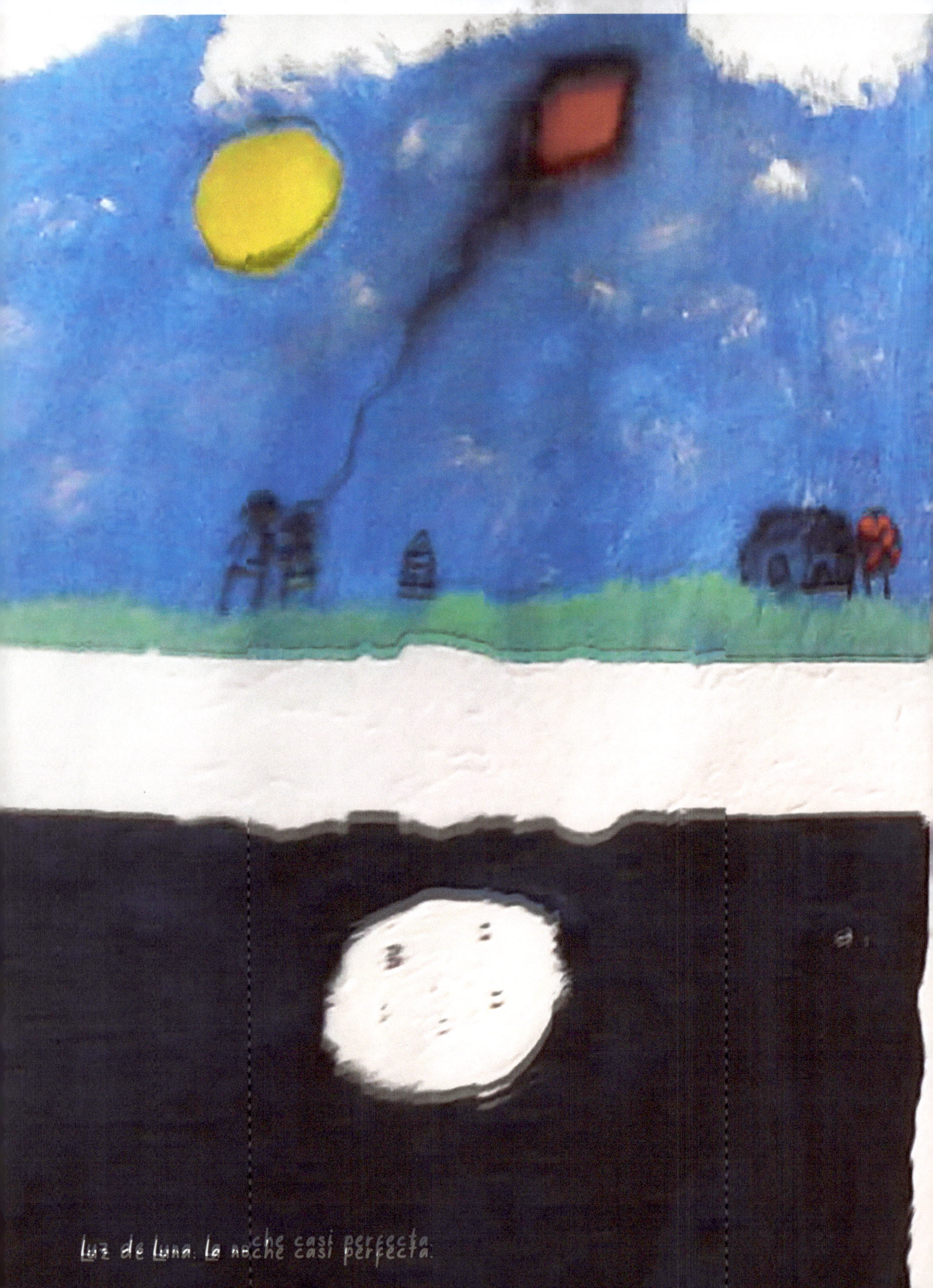

Luz de luna. La noche casi perfecta.

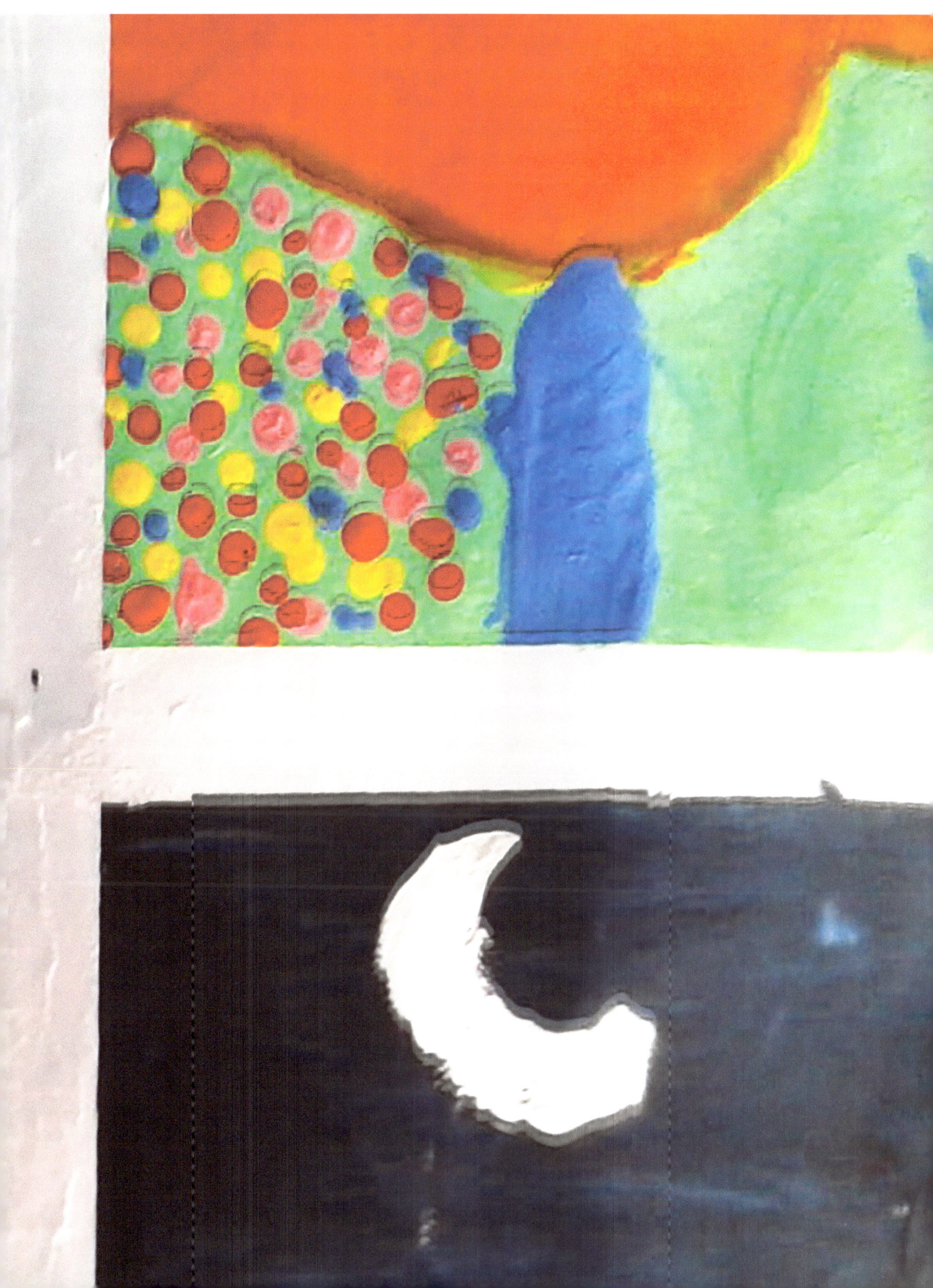

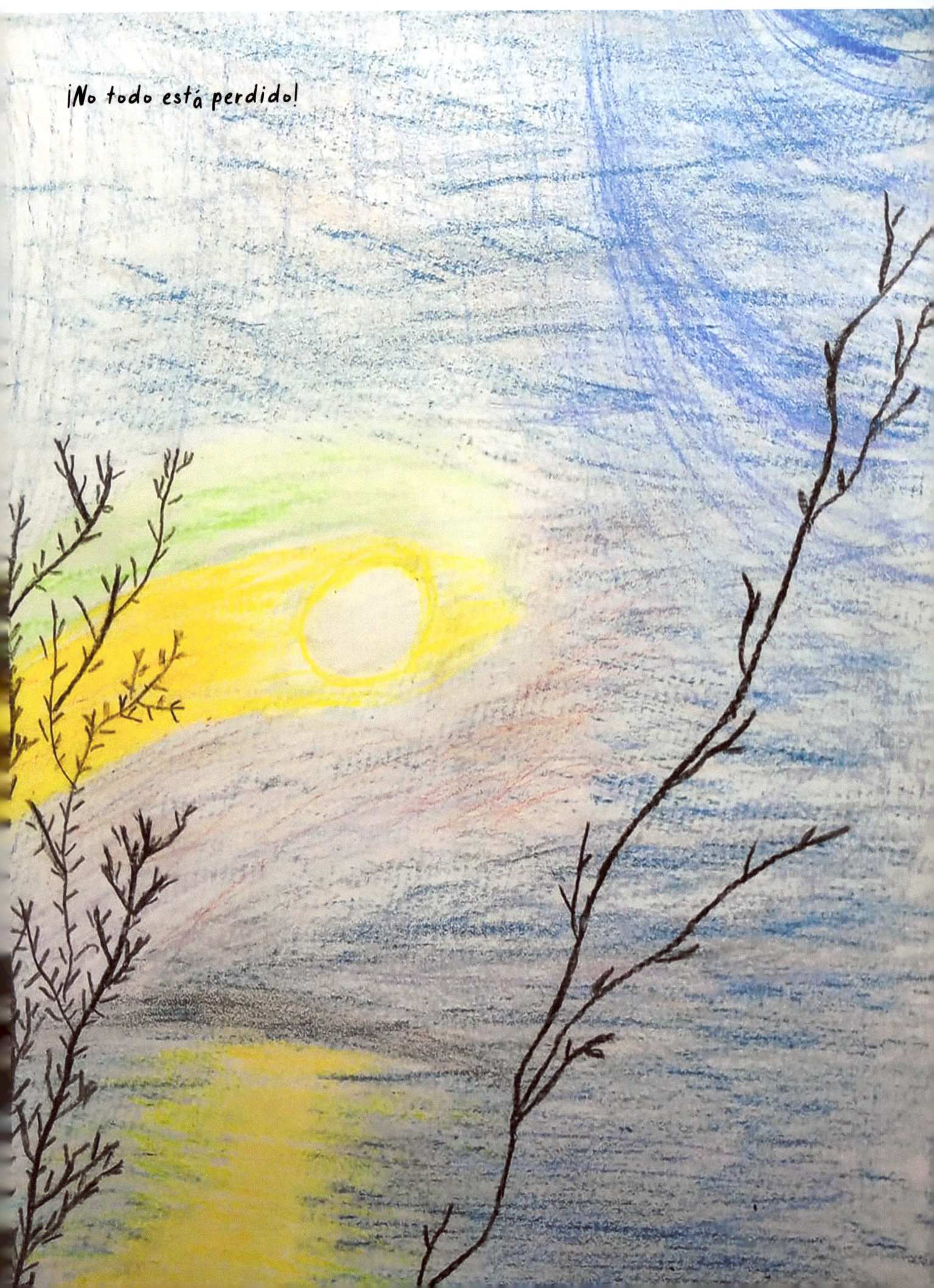

Así como las flores
se van y regresan,
¡él se esfuma cada noche
para regresar cada día!

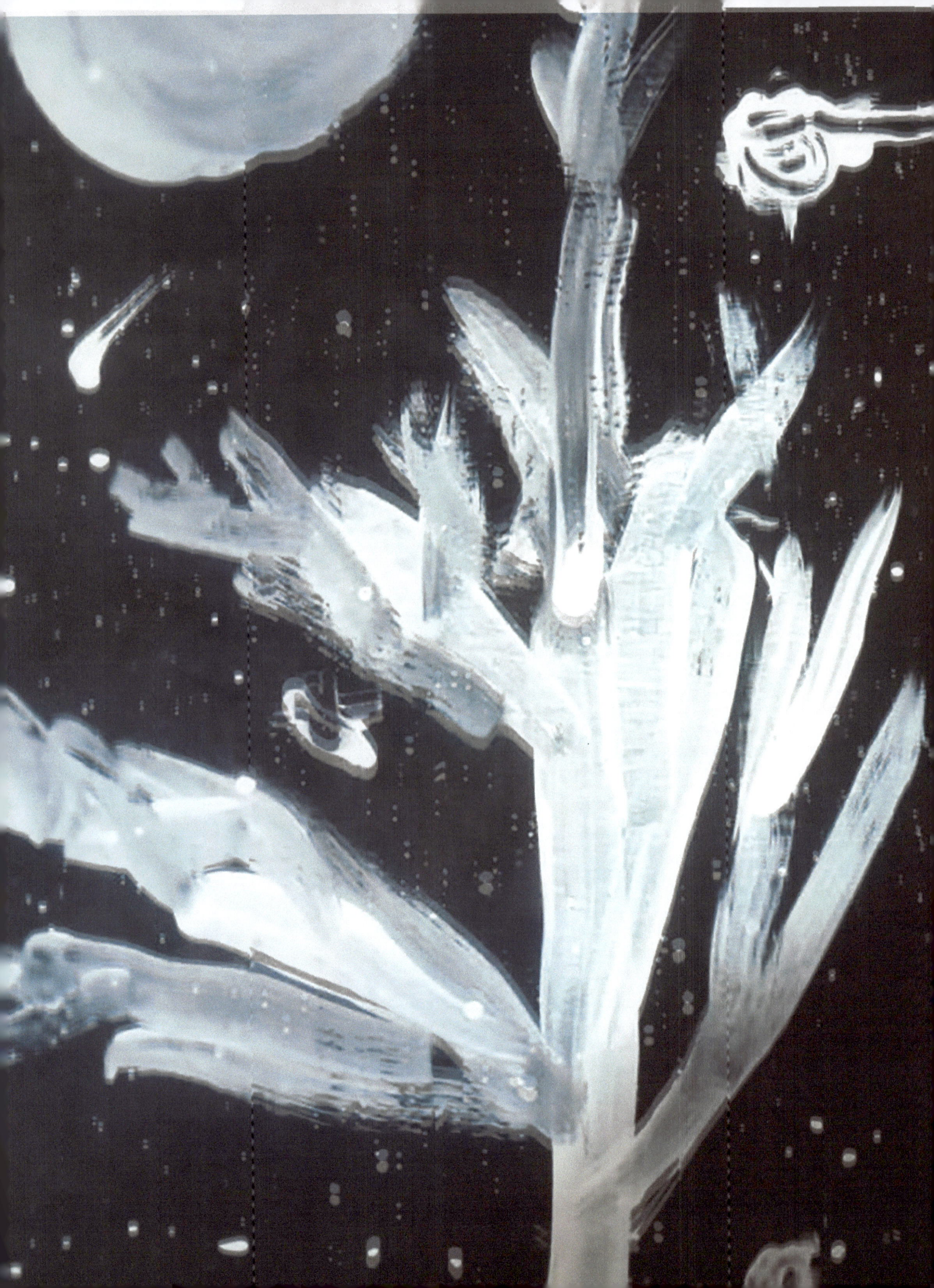

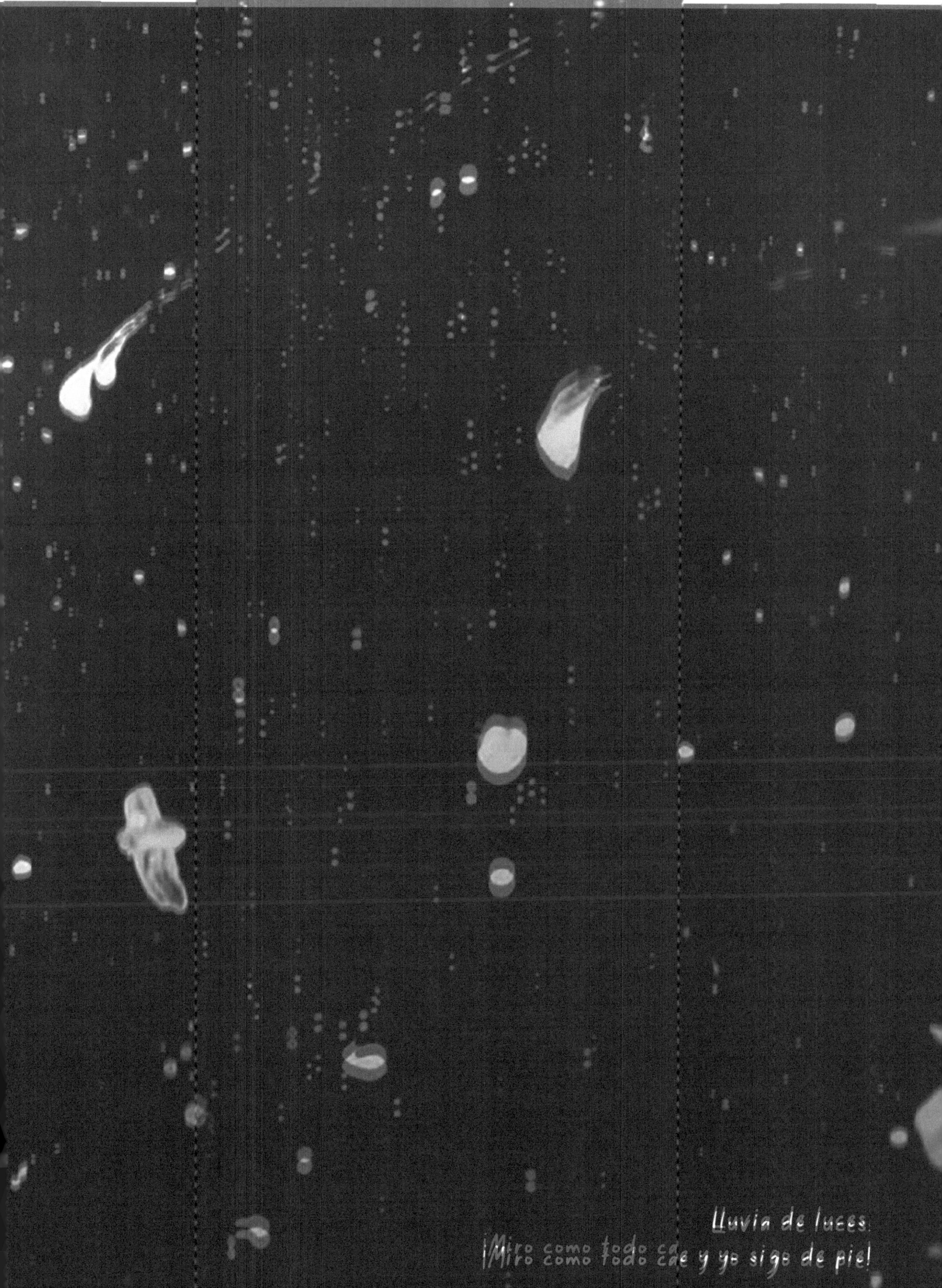

www.ingramcontent.com/pod-product-compliance
Lightning Source LLC
Chambersburg PA
CBHW051945210526
45473CB00006B/2391